Cristian Laurenţiu Plăpămaru

Lebăda supremă - Poezii şi epigrame

I0627985

CRISTIAN LAURENȚIU PLĂPĂMARU

Lebăda supremă

Poezii și epigrame

Reflection Books

California

Titlu: Lebăda supremă. Poezii si epigrame

Autor: Cristian Laurenţiu Plăpămaru

Tehnoredactare: Ruxandra Vidu şi Ioana L. Onica

Desene (interior, copertă şi viniete): Laura Ionescu

Traduceri în engleză: Horia Ion Groza

ISBN 978-1-936629-57-2

Reflection Books

P.O. Box 1413

Citrus Heights, CA 95611-1413

În memoria fratelui meu,

Ing. Gheorghe Corel Plăpămaru

9 Ianuarie 1967 – 24 martie 2021

Crezul artistic

Cristian Laurenţiu
Plăpămaru

Precum pictorul zugrăveşte prin nuanţele culorilor tablourile sale, la fel şi poezia se naşte din multitudinea sentimentelor şi trăirilor celui care o scrie. Îmi este foarte greu să vorbesc despre mine, prefer să las poezia să vorbească.

M-am refugiat in poezie de câte ori am avut ceva de spus, mi-am descoperit libertatea de a fi împlinit sufleteşte. Poezia este modul meu de adresare şi pătrundere în inima celor din jurul meu. Sper ca prin poeziile mele să aduc momente de bucurie şi relaxare în sufletele celor ce le vor citi şi aprecia.

Vreau să mulţumesc pe această cale celor care m-au ajutat la tipărirea acestei cărţi, Doamnei Dr. Ruxandra Vidu, Domnului inginer şi scriitor Horia Ion Groza, Laurei Ionescu, pentru realizarea frumoaselor desene şi viniete, şi nu în ultimul rând editurii Reflection Books.

Prefață

Fratele meu, Cristian Laurențiu Plăpămaru, născut la 21 Mai, 1972, în Satul Bălănești, Comuna Cozieni, Județul Buzău, chiar de ziua Sfinților Împărați Constantin și Elena, trebuia să fie botezat Costică, după dorința tatălui său, Ec. Vasile Plăpămaru, dar la rugămintea mamei, Zoica Plăpămaru, a fost botezat Cristian Laurențiu. Al treilea fiu al familiei, blond, cârlionțat cu ochii albaștri, leit bunicii Dobrița din partea tatălui, care l-a iubit și l-a ingrijit ca pe propriul ei copil, cât a ținut-o Dumnezeu, pâna în 1978, a fost răsfățatul familiei, cel puțin până când Ionuț, al patrulea fiu al familiei, a apărut la orizont, la 10 Iunie, 1977.

Cristi, pentru că noi așa îl strigăm, a urmat cursurile Școlii Generale nr. 5 din Buzău, ale Liceului de Construcții, tot din Buzău. A absolvit Universitatea „George Barițiu" din Brașov, Economia Comerțului, Turismului și Serviciilor.

Vacanțele pe timpul copilăriei, noi ca frați, ni le-am petrecut la bunica din partea mamei, Ileana Enăchescu, la Bălănești, aproape în fiecare an. Nici că ne-am fi dorit altceva. Uneori stau să mă întreb cum ar fi fost copilaria noastră fără

Bălănești, fără mamaie, fără mătușile din partea mamei, tanti Anișoara și tanti Marioara, dar mai ales fără verișoara noastră Dorina? Cu siguranță ar fi fost mult mai săracă și lipsită de sens.

Casa bătrânească, mare, cu etaj, o curte de două ori mai mare decât casa, plină de curcani, găini, cocoși, gâște, oi, și o grădină imensă plină de nuci, vișini, pruni, aguzi si porumb, ne-au oferit spațiul necesar și suficient de joacă, muncă și relaxare pe toată perioada vacanțelor de vară, până când am plecat fiecare pe rând, la facultate. Vecinătatea velniței, unde se colectau prunele și a gârlei cu puntea de șufe au jucat un rol important în deciziile zilnice pentru joacă și petrecerea timpului liber, împreună cu toți copiii din sat.

Mi-aduc aminte cât de năstrușnici erau frații mei, Cristi și Ionuț în timpul vacanțelor la Bălănești. Mamaie ar fi vrut să respectăm programul de liniște și somn de după amiază, în timp ce dânsa se „hodinea" un pic, dar frățiorii mei, care dormeau, chipurile, la etaj, se furișau pe geam afară folosindu-se de un lanț lung metalic. La aterizare se întâlneau cu o tufă mare de urzici care le deconspira evadarea. Erau plini de energie și pentru ei nu exista ora de somn în timpul zilei. Gârla din spatele grădinii îi aștepta să meargă la scăldat sau la pescuit de fâțe.

Fratele cel mare, Gheorghe Corel, pe care noi îl strigam Gigel, a fost întotdeauna un băiat serios, care nu se preta la asemenea jocuri. El își găsea satisfacţie mereu învăţându-ne pe toţi matematică și tabla înmulţirii. Îi plăcea să ne înveţe să ne folosim creierul și, la indicaţiile lui, făceam toate operaţiile mintal. A fost un cap de matematician care a obţinut Masterul în Energetică.

Cristi, pe de altă parte, băiat vesel, glumeţ, pus pe șotii, încerca să aducă mereu bună dispoziţie tuturor, așa cum susţine și într-una din poeziile lui: „Că o glumă poate să ridice / Privirea unei feţe triste" (Gluma).

După plecarea tatălui nostru Vasile la cele veșnice, la 21 August 2005, Cristi a mers aproape zilnic la mormântul lui din Mărăcineni-Buzău, cu lumânare, de parcă ar fi semnat cu cineva vreun contract mutual de conștiinciozitate.

Poezia pentru Cristi a fost un refugiu, un mod de refulare zilnică dintr-o lume strâmbă, dar așa cum spunea Noica, atunci „când un tânăr crește frumos, iese parcă din strâmbătate o întreagă lume". Rugăciunea a rămas pentru Cristi arma lui de căpătâi în momentele grele ale vieţii, cum a fost cel din martie anul acesta, când el ne-a unit pe toţi prin Messenger, la sedinţe de rugăciune, pentru sănătatea fratelui Gigel. Virusul

COVID 19 a fost însă mult mai puternic decât noi și l-a smuls dintre noi pe cel mai mare și valoros frate, pe GHEORGHE COREL, la 24 Martie 2021, și l-a dus în mâinile Domnului. Vom rămâne în continuare împreună, alături de mama, de Andrei, fiul fratelui COREL și de soția lui, Simona, plângând și rugându-ne pentru toți aici de pe pământ, până în ziua în care ne vom întâlni din nou cu toții într-o lume mai bună.

Cu prilejul acestei vizite triste pe care a trebuit s-o facem în luna martie la Buzău, trebăluind prin casă, am dat de-un teanc mare de poezii și, pe măsură ce le-am parcurs citindu-le, ochii mi s-au umplut de lacrimi. Mi-am spus atunci că nu e drept, că trebuie să fac ceva, orice, ca aceste poezii scrise de Cristi să vadă lumina tiparului, și să ajungă să fie citite de cât mai mulți oameni.

Umorul lui Cristi și versurile lui ne-au ajutat să ne ridicăm din necaz de foarte multe ori. Recunosc că nu întotdeauna i-am oferit creditul pe care l-ar fi meritat, așa că profit de ocazie și, cum bine scrie el în poezia „Mașina de spălat”, „vreau să-mi spăl păcatele/ Să fac loc la altele”.

Cristi a fost și a rămas întotdeauna un băiat de o sensibilitate deosebită, sensibil la frumos, la muzică și poezie, la artă în general. A cochetat într-un timp cu muzica lui Michael Jackson, el însuşi fiind dat pe micul ecran prin intermediul postului local de televiziune STORM TV în 2006, imitându-l pe marele artist, interpretând piesa „You are not alone", pe versuri proprii.

Publicarea acestei cărţi de Poezii şi Epigrame este un eveniment monumental din viaţa autorului, care merită recunoaştere şi încurajare. Poeziile sunt foarte frumoase şi uşor de parcurs, unele pline de umor provocând cititorului bucurie şi bună dispoziţie, altele pline de mesaje subtile, provocând momente de meditaţie.

Aş vrea să aduc calde mulţumiri pentru publicarea acestei carti doamnei Dr. Ruxandra Vidu, și d-lui inginer şi scriitor Horia Ion Groza, pentru grija şi eforturile depuse pentru editarea şi scoaterea de sub tipar a acestui volum de poezii şi epigrame al fratelui meu, Cristian Laurenţiu Plăpămaru.

La final, dar nu în ultimul rând, vreau să mulţumesc fiicei mele, Laura Ionescu pentru frumoasele desene şi viniete realizate cu măiestrie, care vin să sporească frumuseţea acestei cărţi.

Cu toată dragostea mea de soră,

Luminiţa

iunie 2021

Poezii

De dragoste

Ochi albaștri

Din eternele steluțe
Tu ai răsărit un timp,
Mi-ai zâmbit în termopane
Și așa m-ai cucerit.

Ce n-aș da să fiu cu tine
Să te strâng la pieptul meu
Și să văd în ochii-albaștri
Cum zâmbește Dumnezeu.

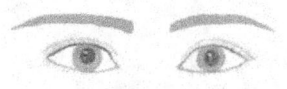

Viitura

Ce viitură te-a adus?
Că am rămas aproape mut.
Aveai picioare de girafă
Şi miroseai a fân şi nalbă.

Dorul

Pe acoperiș privirea-mi

Zboară repede ca gândul,

Să cuprindă-n zbor aripa

Dorului rămas pe gânduri.

Podul

Neterminate toate vor rămâne

De aceea iubito pune-ţi o dorinţa:

Să traversăm cu bine

În autobuzul groazei,

Podul ce încă mai rezistă.

Te caut!

Pierdut în univers,

Caut!

Ciudatul sens,

Miracolul!

Produce-n mine-un multivers!

Aidoma în lacrimi caut.

Ciudat dar nu găsesc,

Te caut!

Iluzii

Printre copacii desfrunziţi
Mă tem că am să te zăresc.
Mai friguroasă, mai stingheră,
Colinzi prin gânduri anatemă;

Iluzii fără de speranţă
Au hibernat în suflet an de an,
După ideea care minte,
Că voi ajunge să te am.

Privirea

Te-am împușcat cu privirea
Să-ți alung dezamăgirea
Să dai drumul la fiori
Și să te învăț să zbori.

Timpul

Mă strânge timpul și nu mai suport
Că vreau să gust nu milă ci noroc
Să te cuprind cu mâinile amândouă
În casa mea soție să-mi fi, soro!

Arest

Eu le-arestez doar pentru

„Port ilegal de frumusețe”

Pe fetele cărora le dau binețe,

Și le alint în felul meu,

Să îmi zâmbească, când mi-e greu,

Să-mi facă ziua sărbătoare,

Când mă-ntâlnesc cu fiecare.

Gândul

Mă chinuie gândul,
Ce-l am de un timp,
Că nu mai pot schimba
La tine nimic.

Că nu mai eşti, ca altă dată, o speranţă
Când îmi cazam gândurile la tine
Ca într-o vacanţă
Şi mă aşteptai să vin de nicăieri,
Cu ochii plini de primăveri.

Megastar

Dau cu glezna de podea
Până când apare ea.

Este plină de figuri
Nu ai rafturi să le pui.

Dar cunosc pe unul Narcis
Poate-mi dă rafturi pe gratis.

Căsătorie

Dacă-ţi place-acum de mine
Lasă-mă să te cuprind de mână,
Să plutim spre fericire
La ofiţerul stării civile.

Sunt om serios, n-ai grijă,
Te iubesc din prima clipă.
De când am intrat pe uşă,
M-ai lovit la corason,
Şi-am luat o hotărâre:
Fără tine nu mai dorm.

Pelerina

Laşi să te bântuie gânduri adânci
Iubirea îţi cere să nu te complici.
Ce dacă afară încă mai plouă,
Voi fi pentru tine pelerina cea nouă.

ZORRO!

Te-aş prinde de picior 'păpuşă'
Să nu ajungi până la uşă,
Să te întind pe bancă 'colo',
Scandând că te iubeşte
ZORRO!

Bagaj

Încerc să caut gânduri
Să le pun în bagaj,
Atât mai am din tine
E tot ce mi-a rămas.

Să plec și să mă ascund
De mine însumi și să strig:
Pe unde fugi iubire?
Dă-mi voie să te prind.

Să văd cum ploaia trece
Și ochii-ți stălucesc
Iubito pentru mine,
Așa ar fi firesc.

Sufletul

Sufletul ce mișcă-n mine
De-aș putea să-l împrumut,
Ţi l-aș oferi iubito
Ca să vezi cât m-a durut.

Nopţile lungi nedormite,
Geamuri sparte-n casa vieţii,
Doamne, cine le mai schimbă,
C-au fugit chiar și pereţii?

Seif

Mă regăsesc în muncă
Mă compun în cuvinte,
Din sute de titluri
Ce-mi vin acum in minte.

Încep cu disperare
S-ascund într-un seif
Iubirea pentru tine
De când n-ai mai venit.

Să pot crea nestingherit
Frumosul din iubire…
Să știi, o viață-ntreagă
Cum te-am iubit pe tine.

Frunze

Am apelat la toamnă să te caute cu frunze

Să-ţi amintească singurătatea mea,

Când vii să te cuprind cu ramuri

Să nu mai poţi nicicând pleca.

Stafie

Rătăcesc ca cerşetorul
De iluzii amăgit
Cum cuprinde noaptea cerul
Pe picior nepregătit.

Pe sub streaşină se scurge
Ploaia mocănească-agale
Ce-mi trimite-n paşi grăbiţi
Planurile la culcare.

Tu-mi apari ca o stafie
Tulburându-mi gândurile,
Dar închid uşa tristeţii
Trântind-o de toţi pereţii.

Adio

Am spus „adio”
Și-am rămas
Mai trist ca niciodată.

În loc de mână
Bate-un glas
La ușa-ți încuiată.

E glasul trist, sfâșietor,
Al inimii rănite,
Ce strigă cât îi e de dor,
Să te întorci la mine.

Ochii tăi

Mă mişc printre cuvinte
Că asta-mi e menirea,
Citind în ochii tăi
De-a pururi poezia.

Ochii verzi

Cumpăr pentru tine „orașul"
Fata mea cu ochii verzi,
Să nu zici că sunt săracul
Pe care nu vrei să-l vezi.

Dau oricât să-mi cazi în brațe
Numai să te hotărăști!
Să te prind, am joc de glezne,
Și nu vreau să te rănești.

La Terasă

Nu mă agit ca musca între geamuri,

Stau şi privesc la frunzele din ramuri.

Mi-e dor de tine şi vreau să te cinstesc,

C-o bere rece vreau să te servesc.

Să pot uita

Aș fugi să pot să uit
Anii petrecuți aiurea,
Să te simt mereu aproape,
Să n-aud ce zice lumea.

Consoartă

În ochii tăi văd strălucind

O lume-ntreagă zbenguind

După distracţii şi plăceri

O viaţa-ntreagă fără de dureri.

O, vino iarăşi pe pământ

Din paradisul tău cel sfânt

Să îţi explic pe îndelete

Cum sa începi o viaţă nouă

Cu responsabilităţi şi datorii

Dacă vrei casă şi copii.

Nu ştiu

De-ai veni într-un târziu
Aş cunoaşte ce nu ştiu
Ochii tăi albaştri feeric
Ar luci în întuneric.

Mădălina

Nu te agita, hai vino,

Viaţa-i scurtă Mădălino.

Să pornim pe râu in jos

Să-ţi murmur un vers frumos

Despre ochii tăi albaştri

Vecini buni cu mii de aştrii

Ce în noapte stălucesc,

Atunci când mă ameţesc.

De mine

Ultima dorință

Și dacă plec din viața asta tristă,
Lacrimi nu strângeți în batistă.
Din poeziile mele adesea să citiți,
Numai atunci dorința-mi împliniți.
Ea îmi va fi candelă neadormită,
Prin veacuri tulburi, nesfârșită clipă!

Ploaia

Ploaia, împraştie liniştea din jur
Apa se scurge de pe caldarâm,
Lumea se furişeaza printre picături
Pe sub umbrele mari sau mici
Ca nişte murături.

Este o zi mohorâtă din calendar,
Când ploaia nu are habar
De tensiunea pe care o crează,
Mai ales când vrei să ajungi
Mai repede acasă.

Banca mea

Prigonită fără vină
Luna pleacă la culcare,
Liliecii se adună
Să ne spună „Noapte bună".

Doar tu zăbovești cu mine,
Nelăsându-mă să plec
De pe banca pe care au stat
Sute sau chiar mii de tineri,
An de an purtând pe umeri,
Povara unor povești
De dragoste sau conflicte,
Netrecându-le prin minte,
Că au scris fără să vrea,
A D N -u-n banca ta.

Gluma

Iubirea mă face să cred

Că pot să fiu mai bun şi sper

Că o glumă poate să ridice

Privirea unei feţe triste.

Mă sperii de singurătate,

De asta vreau normalitate.

Vreau zâmbete în jurul meu

Să pot să trec mereu, prin greu.

Gigel

Durerea îmi creşte mai mult după a ta moarte,

Cu lacrimi îţi scriu iubitul meu frate,

Ce mult ne lipseşti nouă ca fraţi,

Şi mamei, ce încă aşteaptă oftând s-o suni azi.

Andrei nu-nţelege de ce-a trebuit

Să pleci atât de departe,

Şi o soţie ce te plânge veşnic,

Noapte de noapte!

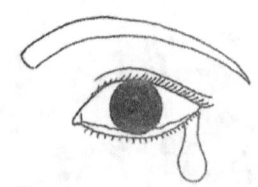

Companie

M-am săturat să scriu CV-uri,
Dar totuși mâna scrie
Până voi ajunge să muncesc
La mine-n companie.

Defecţiune tehnică

Azi nu-mi merge mai nimic
Dar insist şi mă ridic
Şi-mi propun o stratagemă:
Să rezolv orice dilemă.

Să învăţ de la scânteie
Cum să luminez o vreme,
Apoi să rămân constant,
Luminând neîncetat.

Cratimă

Am mâncat o cratimă
Când fugi o lacrimă
Dup-o lebădă supremă
Ce voia să intre-n scenă.

Scena-i viața mea, firește.
Nu te agita, iubește!
Îmi plac lebedele fidele,
Nu ploile efemere.

Retorica

Poet cu pletele şuvoi

Priveşte înspre Ţară,

Că este plină de nevoi,

Şi umilită-afară.

De asta ai ajuns aşa,

Să-ţi cumperi singur versul,

Ca să rămână peste timp,

Urmaşilor poemul!

De lume

Raiul

Raiul se află doar

Într-o inimă curată,

În ochii unui copil

Ce prin zâmbet e creștin,

În privirea unei mame

Ce cuprinde-n două palme

Viitorul unui neam

E credința ce o am…

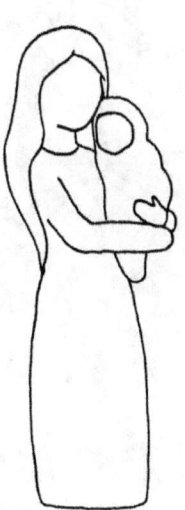

Pe trepte

Când spun poezii deştepte

Mă urc colo sus pe trepte,

Să prindă cuvântul forţă

Să vă ardă ca o torţă!

Trădători de neam şi ţară

Ce vând pământul afară

Ce n-au glie şi nici Domn,

Doar inimă de neom!

Confirmare

Ne vindem gândul spre confirmare.

Oare voi fi mai mândru ca cel ce nu-l are?

O viață-nhămată la truda de a fi

Mai liber prin cuget, prin tot ce voi scrii.

Mă lupt să dezbrac omul de ieri

Plin de iluzii și plin de păreri

În lumea aceasta inegală,

Unde mai mult de jumătate

Suferă de boală.

....

Societate bolnavă mă sprijin de tine

Sperând că-ntr-o zi, o să te faci bine !

Autobuzul 2

Miroase a cerneală şi a praf de cretă
Bieţii elevi au creieri zdruncinaţi,
Se-ngrămădesc la un semn toţi copiii cetăţii,
În autobuzul groazei mişcaţi.

Accident

Bătrânii noştri ne cad pe şosele,

Victime ale bolizilor de mii de euro

Ai unor lichele,

Ce obţin prea uşor

Carnetul de şofer

Într-o societate în care,

Fără să vrem,

Licheaua a ajuns model.

La cald

M-au întrebat să spun la cald
Umila mea părere,
Despre un tip ce alerga
Frenetic spre durere.

Se stinge ca un bec în baie
Nu-i vina lui, n-are valoare.

Front de lucru

De-aia-i bloc, să fim unii sub alții,
Să profiți la inundații

De la vecinul de sus
Tencuiala cum s-a dus.

Să am mereu front de lucru,
Mă ajută domnul Cucu!

Dorel

Când i-au prins că au tăiat pădurea,

I-au luat un interviu aiurea

Numai lui Dorel, 'săracul'

Care cobora cu sacul.

Reporterul:'Cum aţi făcut de-aţi tăiat pomii

neautorizat?'

Dorel:'Eu, să ştii măi frăţioare,

Am lucrat ca fiecare

Ca la cooperativa 'Sporul':

Nu gândim, dăm cu toporul…'

Ah, viitura

De când au tăiat pădurea,
Apele curg tot aiurea,
Viitură se numește...
Mătură tot și lovește
Case și împrejurimi.
Arături, poduri și drumuri
Sunt acum pline de mâluri.

Dar românul nu pricepe
C-a stricat ecosistemul,
Dă vina pe Dumnezău
Că l-a bătut cam rău.

Robinetul

Apa de la robinet,
Galbenă ca şi lămâia,
Este azi pe post de „fairy"
Cu care spăl farfuria.

Fiindcă Compania de Apă ne iubeşte
Şi contribuabilul plăteşte
Nu contează ce apă bea,
Se roagă doar să n-o ia.

Că dacă ajungi la baie
Şi apa n-o ia la vale,
Ai să mori de-aşa duhoare…

Pesticide

Stau și mă minunez
Cum poate să existe atâta răutate,
Cum pot unii să confiște dreptul
La viață, aruncând pe piață
Atâtea fructe și legume îndopate
Cu pesticidele profitului lor,
Semănând numai moarte?

Lumea noastră

În lumea noastră viciată de păcate,

Tresari cam greu cănd vezi o nedreptate,

Te sperii de normalitate,

De oameni cu moralitate.

Nu esti in trend şi nu eşti cool

Decât atunci când îl faci pe celălalt nebun.

Eşti tare şi ai valoare,

Numai dacă arunci cu banii frăţioare

Pe maşini de lux, celulare şi viloaie,

Şi tot ce rotunjeşte mândria lor cea mare,

A parveniţilor care ieri

Nu aveau aproape mai nimic,

Dar astăzi te conduc pe tine,

Că au ştiut să mintă şi să fure.

Fără chei

Cu o seamă de cuvinte
Ies mereu tot înainte
Doar acei ce nu au minte.
Cu o seamă de-ntrebări,
Fără noimă, fără chei,
Vin de-acasă să ne mintă
La TV numai pe noi.
Sunt aleşii nostri vaşnici,
Ai canalelor TV casnici,
Analişti şi pierde vară,
Intră-n casă şi-ţi omoară,
Timpul tău cu rânduială.

Internet

Cine scrie poezie
Etalându-şi gândurile
Pe o foaie de hârtie
Zgârâindu-şi tâmplele?

Cine mai citeşte azi
Poezie sau roman,
Când toţi umblă virtual
Prin internetul global
Ca peştii într-un ocean?

Conducătorii

Cu stil şi eleganţă

Punem în balanţă

Ani ce vor veni,

Creiere pustii

Vor conduce ţara,

Cei ce vor ieşi

Doar din puşcării.

Edilii

„Am vocație, am relație,

Dau șpagă și fac senzație!"

Spun edilii noștri șmecheri,

Campioni la trucări de licitații,

La contracte sigure cu statul

Unde banii vin cu sacul.

Nu le este frică de nimic;

D.N.A.- e un fâs mic

Căci rămân tot în picioare,

Cu toți banii în viloaie

Pușcărie fac de formă

A Uniunii Europene reformă;

Că după cum spun mulți

Trebuie să prindem corupți

Să creeze precedentul,

Să ne-aplaude occidentul.

Haos

Trăim în haos, în minciună,

Viaţa e un bun ce se consumă,

Ne locuiesc în corpul fizic doar intruşii,

Îngurgitaţi la repezeală mamelucii,

Ce au ca bonus la ofertă

Doar cancerele la dietă.

Zbor frânt

Şi de asta românul
nu mai poate să zboare nici cu gândul,
Că îşi creează singur bariere emoţionale
perforând pământul.

Devine prea sensibil la toţi şi la toate,
şi gândurile lui înalte,
Coboară brusc la cruda realitate,
la rutina zilnică a pâinii,
Din grija statului
ce îi oferă, cu căldură,
Salariul minim
pentru o jumătate de gură.

Monolitul

Nu trebuie să zic nu pot!
Să depăşesc zona de confort,
Să pot privi înainte
Cum o face-un preşedinte.

Ăsta-mi este obiectivul,
Să pot crea monolitul
Ce e strâmb, să pot să-ndrept
Că nu mai e timp s-aştept.

Banca

Acum nu se mai trage cu arma,

Acum se trage cu banca.

Rămân țările despuiate

De resurse și valori mari

Numai în câțiva ani.

Iar la noi în România

Vine „Mugur" și explică,

Că PIB-ul nu se ridică,

C-au avut grijă bancherii

Să ne împrumute leii,

Să nu putem să plătim

O mie de ani de trăim.

Visul

Am un vis de mic
Vreau să mă ridic
Că vreau să câştig
Un salariu mare
De zeci de miare.

Să am cu ce plăti
Facturi în prostii
Şi să-mi mai rămână
Bani şi pentru gură.

Să pot să gândesc
Să mă aranjez
C-o haină de firmă
S.H.- confirmă.

De Dumnezeu

Lacrimi

O, Maică Preacurată si Pururea Fecioară,

Cât ne mai rabzi şi nu vii iară,

La ăst popor îngenunchiat,

Ce-i plâng copiii neâncetat,

După părinţii ce-au plecat

Prin alte zări doar pentru-o pâine?

Că-n casa şi în ţara lor

Ca să trăieşti nu e uşor,

Şi n-au de unde şi cu ce plăti,

Facturi restante, zeci de mii….

……………………………..

Copiii fără mângâiere,

Se-arunc pe geamuri de durere.

Maşina de spălat

Te-am iubit, Doamne, dintotdeauna.

Şi-am ştiut că numai una

Este calea de urmat:

Crucea ce Tu ne-ai lăsat.

De-atunci caut neîncetat

O maşină de spălat;

De spălat păcatele,

Să fac loc la altele.

Slujba

Se aud câinii lătrând
Azi e Duminică, și cânt
Pentru mine, pentru tine
Și pentru Dumnezeul Sfânt.

Biserica mă cheamă
Și mă strigă:
Hai suflete acasă
Că Domnul te invită.

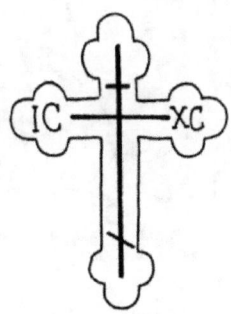

Stânca

Să nu te tulburi niciodată,
Un Dumnezeu avem cu toţii.
Rămâi pe stâncă, nu se sfarmă,
Când va ploua cu toţi irozii.

De engleza

Leaves
(Frunze)

I called the fall to look for you with leaves
And to remind you that I'm so lonely.
When you'll come I'll hug you with branches
And whisper, you are the only one and only.

The Washing Machine
(Maşina de spălat)

I always loved You Lord
And I knew the only road
Is that You made us share
With the cross we have to bear.

Therefore in order to be clean
I searched for a laundry machine
To wash my dirty load of sin
And let another load begin.

Heaven

(Raiul)

Heaven was never apart
From a pure heart,
From the eyes of a child
Where Lord always smiled,

And from a mother's watch above
a little soul in arms with love -
the nation's hope and grace.
On all of them I build my faith.

Epigrame

Poetul

Sunt poet nu scriitor

Am talent de orator

Știu să dau pe spate „gâsca"

Când vrea să înghită „musca".

Saună

Ce rău v-am făcut nu știu,
Că m-ați opărit de viu
Cu arome de cireșe.
Sufletul mi se topește.

La Ştiri

Pentru o pâine şi o cafea,

A scos bani de la saltea.

Şi pentru că a cheltuit enorm,

Ieri, rodea dintr-un carton.

Aşa a apărut la ştiri,

Prin poveşti de la vecini.

Infracţiune

Dintr-un scaun cu rotile
Ieri a spart două magazine,
Şi pentru că a fost stresat,
Azi a spart un bancomat.

Rugăciunea unui comic

Loveşte-mă în inspiraţie,
Ca să fac senzaţie,
Să pot să-i fac să zâmbească
Pe toţi care stau şi cască!

Rebelul

Nu te mai gândi la prostii, copil rebel,
Du-te la muncă, apucă-te de fier.
Să te poți mișca îți trebuie bani,
Viața e crudă printre golani.

Box

Mă calci pe nervul optic când te văd,

Brusc mă trezesc înconjurat de teamă.

Doar tu zâmbeşti în locul meu,

Când sufletul îmi fuge către mamă.

Țigări

Gratis e numai durerea,

Știi, foarte scumpe sunt toate.

De vrei banii de țigări,

Află că nu se mai poate.

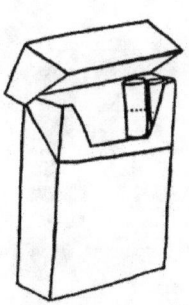

Şcolarul

Cu părul fluturând în vânt
Şi mucii şiroind pân' la pământ,
Să ştii că am burtica goală.
Mă-ntorc acasă
De la şcoală.

Guguștiucii

Uite colo sus pe cracă

Guguștiucii stau la sfadă,

Parc-ar fi în parlament

Certându-se pe buget.

Viață de pensionar

Pensionar și calic
Pe-al democrației dric,
Numărând cu strășnicie
Banii pentru datorie.

La azil

Vă rugăm închideți ușa
Că s-a-mbolnăvit mătușa!
Țipă fără încetare,
Cică vrea pe geam să zboare…

Ionuț

Învață engleza măi frate,
Să-ți crească aripi pe spate,
Să poți zbura când te chem,
Acasă la mine să bem.

Sistemul

Să mai strigăm nu ne mai este de ajuns,

Să-i căsăpim pe toţi e ultimul răspuns!

Cum se prăvale apa în cascadă,

Să-i infiltrăm pe rând în valul ce-o să cadă!

Șantier

Din categoria trei țânțari
Pe trei geamuri mari
Vă prezentăm un program
Artistic:
Sapa și operațiunea metroul!

Motorina

Doamne schimbă-mi atmosfera

Să nu mă prindă holera,

Că-mi intră pe îndelete

Motorina-n gât și-n ghete.

Cardiologie

La spital te internează
Numai cu papuci de casă,
Te privește și-ți admiră
Inima în carantină.

Buba

Şarpele cel vechi de zile,

A spart buba din mândrie,

Şi acum vrea ca să scape,

Dar puroiul îl străbate!

Furnica

O furnică duce-n spate
Cam un bax si jumătate
Și ca să n-o afle lumea,
Se apucă chiar de lunea.
Cam așa rămase gol,
Un depozit de alcool.

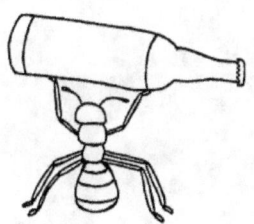

Longevitate

Mă menţin în staniol

De uimesc un stadion.

Dar pentru un succes mai mare,

Voi pleca peste hotare.

Lebăda

Prin căldura tropicală
Lebăda azi nu mai zboară,
Mă privește transpirată
Și nu vrea decât... doar apă.

Salvamarii

Cu cadenţă şi prosop
Mergem vioi înainte,
La piscină să salvăm,
Două lebede rănite.

Lebăda Supremă

Fie ploaie, fie ger,

Lebăda supremă știe

Că doar la Ice Magic este

Ichebana pe patine.

Juriul

Nu am înţeles prea bine
Despre cine este vorba,
Dar trebuie să dau răspuns
Unor lebede ce vin
Pregătite, la concurs.

Am avut marea onoare
Să fac parte din juraţi
Să pot alege în voie
Lebăda supremă
Azi.

Patinoar

Hai cu noi la patinoar
Ca să vezi cum zburdă iar,
Vreo trei lebede lovite
De ger şi de sinuzite.

Tratament

Ca vedetă mare,

Iau droguri uşoare,

Mă tratez cu vin,

Ca să îmi revin,

După o-ncălzire,

Cu o damă bine.

Urzicat apoi,

mă-ntorc la război.

La adrenalină,

lebăda suspină.

Burlăcie

Sunt liber neîngrădit de nimeni
Iubirea nu pot s-o împart la doi.
Dar dac-apare o siluetă feminină
Renunț la burlăcie pentru noi.

Scânteie

Eşti freamăt şi devii scânteie
Când mă priveşti necontenit,
Rămâi în mintea mea femeie,
Că inima te-a găzduit.

Eva

O aştept pe Eva,
Cu şarpe cu tot,
Să mă-nveţe să muşc
Din mărul cel copt.

Aeroport

Avea un bust generos
Să-mi deschid aeroport
De căldură şi de stres
Pe loc să aterizez.

Traseul 2

Te-ntoarce la mine palidă păpuşă
Ca să-ţi redau zâmbetul pierdut,
Pe-acest traseu aglomerat de lume
De vină sunt, că nu conduc.

Mă predau

Mă predau de oboseală
La Poliţie pe scară
Dar nu pentru c-am băut -
2-iul nu m-a cunoscut.
E autobuzul care,
A uitat să mă mai care.

Vânatul

Am vrut să te păstrez ca pe-un trofeu

Dar fără să vreau te-am învățat vânatul

Că tu ai tras la primul derbedeu,

Și mi-ai ucis iubirea, pentru altul.

Diva

Glasurile s-au împreunat prin suspine

Graţie, eleganţă, priviţi-o cum vine!

Mişcările ei răvăşesc trecătorii

La câţiva paşi de aici,

Sunt deja mulţi care stropesc pomii!

Pe tren

Te pasionează netul
Și inima-mi sparge pieptul.
Cred că-i de la tensiune,
De când te-am văzut pe tine.

Apariţie

Poţi să apari de nicăieri
Privirea să-mi tresară,
Să văd în ochii tăi scântei
Lovind coate pe-afară.

Poama

De prin pomii fructiferi
Ai căzut parcă mai ieri,
Tu, cea mai gustoasă poamă,
Pregătită pentru dramă.

Invidia

Avea forme voluptoase

Că te deranja la oase

Şi-o privire indecentă

S-o alegi ca pe-o ofertă.

Unor prieteni

Îi cunosc de-atâta timp
Și nu poți ca să-i mai schimbi.
La gândire și la vrere,
Sunt, într-un cuvânt, durere.

Celor ce vor să-i cunoască,
Eu vreau să le dau povață
Ca să-și vadă de-al lor drum
Și să-i uite de pe-acum.

Soţul

Mă mişc în spaţiul tău ce mă-nconjoară,
Atâta libertate mi-a rămas,
Că voi plăti întreaga viaţă rate
La sunetul ce-mi prinde glas.

Cuprins

Cărți publicate de editura bilingvă Reflection Books: Poezii

The Sign of the North: Poems Paperback: 138 pages
Author: Horia Ion Groza
Publisher: Reflection Books (July 15, 2020)
Language: English
ISBN-10: 1936629550
ISBN-13: 978-1936629558
Dimensions:
5.5 x 0.3 x 8.25 inches

Buy on Amazon, Barnes and Noble: $11.95

SCARA CATRE DUMNEZEU. Rugăciuni în versuri pentru copii și părinți,
Paperback, **64 pages**
Publisher: Reflection Books (February 24, 2016)
Language: Romanian
ISBN-10: 1936629437
ISBN-13: 978-1936629435
Dimensions:
5.98 x 0.13 x 9.02 inches

Buy on Amazon, Barnes and Noble: $14.95

Reflection Books
P.O. Box 1413
Citrus Heights, CA 95611-1413